LÉGENDE PONTIFICALE

LÉGENDE NAPOLÉONIENNE

PIE VII ET NAPOLÉON IER

1800-1815

CHAMBÉRY

IMPRIMERIE CHATELAIN, SUCCESSEUR DE F. PUTHOD

4, AVENUE DU CHAMP-DE-MARS, 4

—

1884

LÉGENDE PONTIFICALE

LÉGENDE NAPOLÉONIENNE

PIE VII ET NAPOLÉON Ier

1800-1815

Bossuet, l'illustre évêque de Meaux, prononçant en présence de Monsieur, frère du roi, l'oraison funèbre de Henriette-Marie de France, reine d'Angleterre, commençait son admirable discours par les paroles suivantes :

« Celui qui règne dans les cieux et de qui relèvent tous
« les empires, à qui seul appartient la gloire, la majesté
« et l'indépendance, est aussi le seul qui se glorifie de
« faire la loi aux rois et de leur donner, quand il lui plaît,
« de grandes et terribles leçons. Soit qu'il élève les trônes,
« soit qu'il les abaisse, soit qu'il communique sa puissance
« aux princes, soit qu'il la retire à lui-même et ne leur
« laisse que leur propre faiblesse, il leur apprend leurs

« devoirs d'une manière souveraine et digne de lui ; car,
« en leur donnant sa puissance, il leur commande d'en
« user, comme il le fait lui-même, pour le bien du monde ;
« et il leur fait voir, en la retirant, que toute leur ma-
« jesté est empruntée ; et que, pour être assis sur le trône,
« ils n'en sont pas moins sous sa main et sous son auto-
« rité suprême. C'est ainsi qu'il instruit les princes non
« seulement par des discours et par des paroles, mais en-
« core par des effets et par des exemples.

« Maintenant, ô rois ! apprenez ; instruisez-vous, juges
« de la terre ! »

Grande leçon pour les peuples comme pour les rois !
N'avons-nous pas assisté au spectacle de nations parvenues
à l'apogée de la puissance et de la grandeur, oubliant ou
dédaignant les avertissements de la Providence, s'affaissant
sous les coups de leurs dissensions intérieures et de leurs
ennemis, ministres implacables de la vengeance céleste.

L'histoire des grandes prospérités, des hommes que la
Providence s'est plu à maintenir plus ou moins longtemps
dans une région de succès, de gloire et de magnificence, de
ces grandeurs accumulées sur une tête qui ensuite est
exposée (souvent par sa propre faute) à tous les outrages
de la fortune, brillera toujours d'un éclat imposant dans
les annales de la postérité.

Telle est la légende Napoléonienne.

L'histoire des grandes infortunes et de ceux qu'elles ont
d'abord accablés sans pitié, sauf à les relever ensuite, n'est-
elle pas de nature à exciter de touchantes émotions ?

Telle est la légende Pontificale.

Tel est le tableau rare, unique peut-être des douleurs
du Pontife qui, par l'échelle de longues infortunes, est
monté à ses prospérités, d'un vieillard désarmé qui, persé-

cuté au nom du conquérant de l'Europe, a fini par triompher de son persécuteur, l'a vaincu avant que l'Europe même ne fut parvenue à se délivrer de la servitude qu'il prétendait lui imposer, et l'a vaincu, en trouvant dans les calculs intermittents de sa tyrannie, dans les rigueurs de ses prisons même, les engins les plus efficaces de sa victoire.

L'antiquité a-t-elle jamais pu nous offrir rien de si singulier, de si admirable et de si digne des plus hautes réflexions, que cette lutte de la force morale contre la force physique, et de la conscience d'un prêtre sage, contre la volonté impérieuse d'un soldat téméraire, de ce triomphe d'un *héros sans épée*, contre un sabre qui découpait des empires!

Que si le saint Pontife a mêlé quelques faiblesses à ses vertus, si, homme, il s'est abaissé un moment, pour prendre un essor majestueux, et manifester, presque divinement inspiré, une fermeté évangélique ; si l'oppresseur, saturé d'ambition, a fait litière des regrets de son cœur, et des conseils de son esprit, qui avait cependant calculé les avantages d'une conduite magnanime ; si l'imprudent ne s'est précipité dans les voies de l'injustice et de la violence, qu'après avoir voulu, fondé presque seul une organisation catholique, qui a relevé le culte de nos aïeux dans notre France chrétienne ; si, après tant de consolations, succède, à la légende Napoléonienne et à la légende Pontificale, une lutte qui se lie aux événements les plus marquants d'un quart de siècle fécond en prodiges ; sans doute on ne saurait trouver d'épopée historique plus propre à être placée sous les regards des nations, plus digne de leur fournir de sublimes enseignements.

Le langage de l'Aigle de Meaux serait à peine suffisant pour retracer ces faits providentiels ! Aussi en rappelant quelques-unes des péripéties de la lutte entre le saint Pontife Pie VII et Napoléon Ier, nous nous bornerons à nous arrêter sur un épisode qui honore la Savoie, en offrant un spécimen de l'indépendance et de la fermeté de ses fiers montagnards.

Nous verrons, plus tard, un humble médecin savoyard braver toutes les colères pour protéger l'existence du vicaire de Jésus-Christ, gardien de la foi de ses pères.

Grégoire-Barnabé Chiaramonti naquit à Césène, dans la légation de Forli, le 14 août 1742, du comte Scipion Chiaramonti et de la comtesse Jeanne Ghini.

Après avoir terminé ses études à Parme, il prenait, le 20 août 1758, l'habit de Saint-Benoit.

En 1775, à l'avènement de Pie VI auquel l'unissait les liens du sang, Don Chiaramonti remplissait les fonctions de professeur de théologie dans le couvent de Saint-Calixte.

Élevé à la dignité d'*abbé*, à la suite de quelques persécutions, et les attaques de ses ennemis n'ayant point cessé, Don Chiaramonti fut entendu par le Pape, auquel il plut singulièrement par la franchise de ses réponses, par l'exposé d'une conduite pleine d'aménité, et surtout par la réserve et le ton de douceur qu'il opposait à ses contradicteurs.

Sa Sainteté avait bientôt reconnu en lui un littérateur profond, un savant exact, un canoniste instruit et raisonnable, un moine studieux et ami de ses devoirs.

D'abord évêque de Tivoli, ensuite d'Imola, Don Chiaramonti fut créé cardinal le 14 février 1785.

Tout le Sacré-Collège et l'opinion publique ne regardèrent point ce choix comme une faveur de népotisme, mais bien comme une récompense due à un prélat sans ambition et environné d'une estime universelle.

Cependant, la Révolution française avait agité tous les esprits en Europe.

Du renversement de l'ordre établi, de la proclamation de la République, de la constitution civile du clergé, contre laquelle Pie VI avait protesté par la bulle dogmatique *Charitas*, on était passé à la Convention et aux crimes de la Terreur.

Un jeune homme, né dans l'île de Corse, qui appartenait à la France depuis deux mois à peine, devenu général par une série de victoires, était élevé au commandement des armées françaises en Italie. Il était chargé par le Directoire, qui avait succédé à l'autorité sanglante de la Convention, d'apporter à la Péninsule ce qu'il appelait le bienfait de la liberté.

Le 19 février 1797, le Pape est forcé de signer le traité de Tolentino, par lequel, entre autres stipulations, on remarque les suivantes :

Le Pape renonce purement et simplement à tous les droits auxquels il pourrait prétendre sur les villes et territoire d'Avignon, le Comtat Venaissin et ses dépendances, et transporte, cède et abandonne lesdits droits à la République française. (Art. 6.)

Le Pape renonce également à perpétuité, cède et transporte à la République française tous ses droits sur les territoires connus sous les noms de légations de Bologne, de Ferrare et de Romagne ; il ne sera porté aucune atteinte à la religion catholique dans les susdites légations. (Art. 7.)

La ville et la citadelle d'Ancône et leur territoire resteront à la République française jusqu'à la paix continentale. (Art. 8.)

Bientôt, sur l'ordre du Directoire, le général Berthier occupe Rome ; la République y est proclamée et organisée ; et, le 20 février 1798, à huit heures du matin, Pie VI est jeté dans une voiture, conduit à Sienne, puis à la Chartreuse de Florence, et enfin transféré en France, à Valence en Dauphiné, où il succomba à ses douleurs, le 29 août 1799 [1].

Le conclave, réuni à Venise le 1er décembre, se termine après cent quatorze jours; et, le 14 mars 1800, le cardinal Chiaramonti, élu pape, déclare prendre le nom de Pie VII, en souvenir de Pie VI, son bienfaiteur.

Pie VII fait son entrée triomphale à Rome le 3 juillet.

Bonaparte était devenu premier consul. La bataille de Marengo lui avait rendu son influence sur toute l'Italie. En envoyant M. Cacault à Rome en qualité d'ambassadeur, avec mission spéciale de négocier le rétablissement de la religion en France, il lui ordonnait « de traiter le Pape comme s'il avait deux cent mille hommes ! »

Sages et excellents sentiments : plût au Ciel qu'il les eût toujours conservés !

Le Concordat fut signé à Paris le 15 juillet 1801.

La religion catholique, apostolique et romaine doit être

---

[1] Peu de temps avant la mort de Pie VI, le cardinal Gerdil, ayant une communication importante à faire passer d'urgence en Italie, se souvint d'un prêtre savoyard, M. l'abbé Dominique Claraz, docteur de Sorbonne, avec lequel il était en relation.

Cet ecclésiastique se trouvait alors au sein de sa famille, à Lanslevillard, petit village du canton de Lanslebourg, sur la frontière du Piémont. L'Éminence fait immédiatement appel au dévoûment du fidèle montagnard, et son attente ne fut point trompée.

L'abbé Claraz traverse avec autant d'intrépidité que d'adresse les nombreux détachements disséminés sur la frontière, passe le Mont-Cenis par des sentiers abrupts à lui connus, parvient heureusement à Turin, et remet le pli pontifical à sa destination. Nous verrons bientôt que le frère aîné du courageux abbé ne le cède en rien à son puîné en fait de courage civil et de dévoûment envers le Saint-Siège.

(Note de l'auteur.)

librement exercée en France. Son culte sera public, en se conformant aux règlements de police que le gouvernement jugera nécessaires pour la tranquillité publique. (Art. 1er.)

Il sera fait par le Saint-Siège, de concert avec le gouvernement, une nouvelle circonscription des diocèses français. (Art. 2.)

Sa Sainteté devra demander aux anciens évêques titulaires la résignation de leurs sièges, et, en cas de refus, il sera pourvu aux évêchés de la nouvelle circonscription de la manière suivante. (Art. 3.)

Le premier consul nommera dans les trois mois de la publication de la bulle aux sièges déclarés vacants, et Sa Sainteté conférera l'institution canonique, suivant les formes établies par rapport à la France, avant le changement du gouvernement. (Art. 4.)

Il sera pourvu de même aux vacances qui se produiront par la suite. (Art. 5.)

Les évêques, avant d'entrer en fonction, prêteront directement, entre les mains du premier consul, le serment de fidélité qui était en usage avant le changement de gouvernement, exprimé dans les termes suivants :

« Je jure et promets à Dieu, sur les saints Évangiles, de
« garder obéissance et fidélité au gouvernement établi par
« la Constitution de la République française. Je promets
« aussi de n'avoir aucune intelligence, de n'assister à au-
« cun conseil, de n'entretenir aucune ligue, soit au dedans,
« soit au dehors, qui soit contraire à la tranquillité publi-
« que, et si, dans mon diocèse ou ailleurs, j'apprends qu'il
« se trame quelque chose au préjudice de l'État, je le ferai
« savoir au gouvernement. » (Art. 6.)

Les ecclésiastiques du second ordre prêteront le même serment entre les mains des autorités civiles, désignées par le gouvernement. (Art. 7.)

Les évêques devront faire une nouvelle circonscription des paroisses avec l'agrément du gouvernement. (Art. 9.)

Ils devront également nommer aux cures avec l'agrément du gouvernement. (Art. 10.)

Le gouvernement assurera un traitement convenable aux évêques et aux curés, dont les diocèses et les cures seront compris dans la circonscription nouvelle. (Art. 14.)

On retrouve dans le Concordat de 1801 les dispositions du Concordat concerté en 1515 entre le Pape Léon X et François Ier, et dont les prescriptions restèrent en vigueur jusqu'à la Révolution.

A Rome, comme partout ailleurs, on n'était pas exempt de la plaie des ultras et des intransigeants! Les excitations extérieures, tout à fait étrangères à l'intérêt religieux, ne manquèrent pas de se coaliser pour susciter le mécontentement des Romains contre le Concordat conclu avec la France.

On répandait partout cette satire :

> Pie VI, *per conservar la fedè,*
> *Perde la sede.*
> Pie VII, *per conservar la sede,*
> *Perde la fede.*

Le Saint-Père (plût au Ciel que bien des chefs d'État eussent suivi son exemple), sans s'inquiéter des clameurs de ce petit troupeau de gens « trop bien intentionnés » qui, après avoir bouleversé la société par leurs prétentions, s'empressent de se livrer au *sauve qui peut* au moment du danger, poursuit son but avec persévérance. Il connaît le prix du temps ; « *il tempo è un gran maestro!* »

Le cardinal Caprara est envoyé immédiatement à Paris pour terminer l'œuvre du rétablissement du culte catholique en France.

Le Pape avait été très affecté de la publication des *Articles organiques*, faite en même temps que celle du Concordat et de manière à faire croire que la cour de Rome y avait concouru.

Il avait refusé de donner l'institution canonique à quinze évêques constitutionnels, à moins qu'ils ne signassent une adhésion à la bulle *Charitas*.

Napoléon, alors au faîte de la gloire, s'était fait proclamer empereur par le Sénat le 18 mai 1804.

Le Saint-Père, dans le but de mieux sauvegarder les intérêts de la religion, était venu sacrer le nouvel Empereur le 2 décembre 1806.

Reçu avec les plus grands honneurs, harangué par les principaux corps de l'État, le Pontife recevait journellement toutes les personnes pieuses et distinguées qui témoignaient le désir de s'approcher de son auguste personne. Toutefois, une semaine ne succédait pas à une autre qu'il ne demandât la faculté de retourner à Rome.

Un des grands officiers de l'Empire que le Pape n'a jamais voulu nommer, lui parla un jour d'habiter Avignon, d'accepter un palais papal à l'archevêché de Paris et de laisser établir un quartier privilégié, comme à Constantinople, où le corps diplomatique accrédité près l'autorité pontificale, aurait le droit exclusif de résider.

Ce personnage aurait-il jamais osé hasarder une pareille insinuation sans l'agrément de l'empereur ?

S. S. crut devoir ainsi répondre à cette communication, la plus amère sans doute qu'Elle pût entendre de la bouche d'un Français. (*Vie de Pie VII*, par le chevalier Artaud) ;

« On a répandu qu'on pourrait nous retenir en France ;
« eh bien ! qu'on nous enlève la liberté, tout est prévu.

« Avant de partir de Rome, nous avons signé une abdica-
« tion régulière, valable, si nous sommes jetés en prison ;
« l'acte est hors de la portée du pouvoir des Français.

« Le cardinal Pignatelli en est dépositaire à Palerme,
« et quand on aura signifié les projets qu'on médite, il ne
« vous restera plus entre les mains qu'un moine misérable,
« qui s'appellera Barnabé Chiaramonti. »

Le soir même, les ordres de départ furent signés par
l'Empereur, et, le 16 mai 1805, le Pape rentrait dans Rome
après un voyage heureux, où partout, en France comme
en Italie, il avait reçu les témoignages multipliés du respect et de la vénération des populations.

Cependant, l'heure des tribulations et de l'amertume
était bien près de sonner.

Après la signature du traité de Tilsitt, quelques mots
avaient singulièrement frappé l'empereur Napoléon.

Le czar lui dit un jour tout en causant : « Moi, je n'ai
jamais d'affaire de culte, je suis le chef de mon Église ! »

L'empereur Alexandre avait-il « ingénûment » attaché
une torpille sous la barque ambitieuse que le vainqueur
d'Austerlitz devait plus tard échanger contre la cabine
hospitalière du Bellérophon ?

Dans une réponse de l'Empereur aux observations du
Saint-Père, en date du 13 février 1808, on remarque ces
paroles : « Votre Sainteté est souveraine de Rome ; mais,
moi, j'en suis l'empereur. »

Le cardinal Fesch, ambassadeur de France près le Saint-
Siège, demandait bientôt officiellement qu'on expulsât les
Russes, les Suédois, les Anglais et les Sardes, de Rome et
de l'État pontifical. Le Cardinal Consalvi déclara que Sa
Sainteté s'entendrait, sur ce point, directement avec l'Em-
pereur.

Le 12 mars 1806, le Pape répondait à l'Empereur en opposant à ces demandes un refus plein de douceur et de dignité, et motivé sur le devoir qui lui incombait de conserver une attitude pacifique, pour mieux sauvegarder les intérêts religieux auprès de toutes les puissances.

Le général Miollis occupa Rome (2 février 1808), et le Pape ordonna au cardinal Caprara de demander ses passeports ; M. Lefèbre, secrétaire de l'ambassade française, reçoit également ces pièces.

Monsignor Cavalchini, gouverneur de Rome ; Mgr Barberi, fiscal du *governo* ; Mgr Riganti, secrétaire de la consulte, sont arrêtés. Les cardinaux étrangers sont expulsés de Rome.

Le 10 juillet, le Pape réunit en consistoire tous les cardinaux présents à Rome, et prononça la célèbre allocution : *Nova vulnera.*

Le 6 septembre, un officier supérieur se présente à la secrétairerie d'État et signifie au cardinal Pacca son ordre de départ.

Le cardinal déclare qu'il ne partira pas sans les ordres du Saint-Père. Le Pape averti, vient prendre le cardinal par la main et l'emmène dans ses appartements, en enjoignant à l'officier de signifier au général son indignation contre les violences dont il était l'objet depuis quelque temps.

Le 17 mai 1809, Napoléon rendait, à son camp impérial de Vienne, un décret qui réunissait tous les États pontificaux à l'Empire français. La ville de Rome était déclarée ville impériale et libre. Le décret fut publié par le général Miollis, le 10 juin, à deux heures après midi. Le pavillon pontifical fut abaissé et remplacé par le pavillon français. Cet acte d'abord suivi d'une protestation du Souverain-

Pontife en langue italienne affichée dans les rues de Rome, fut bientôt après anathématisé par une bulle d'excommunication, publiée et affichée dans les endroits et suivant les formes ordinaires (nuit du 10 au 11 juin).

Dans la nuit du 5 au 6 juillet, à trois heures du matin, le général Radet pénètre de vive force dans le palais pontifical, s'avance dans la salle du trône dite des *Sanctifications.*

Il trouve le garde suisse de Sa Sainteté, qu'il somme de mettre bas les armes. Le garde le fait sans difficulté, en ayant reçu l'ordre. Ensuite, dirigeant ses pas vers une chambre où il y avait de la lumière, il se trouve en présence du Pape, et les officiers et sous-officiers de gendarmerie qui l'accompagnent, entrent respectueusement le chapeau à la main, en s'inclinant devant le Pontife, à mesure que chacun allait prendre place pour former la haie devant l'entrée intérieure.

Après avoir pris les dispositions ultérieures pour maintenir l'ordre, il reçoit par un sous-officier de gendarmerie l'ordre d'arrêter le Pape et le cardinal Pacca, et de les conduire hors de Rome.

Au milieu d'un silence profond, le général Radet se place en face du Saint-Père, avec la figure pâle et la voix tremblante, et lui annonce qu'il a une commission désagréable et pénible à lui faire ; mais, qu'ayant prêté serment d'obéissance et de fidélité à l'Empereur, il ne peut se dispenser d'exécuter son ordre ; qu'en conséquence, au nom de l'Empereur, il doit lui intimer de renoncer à la souveraineté temporelle de Rome et de l'État, et que si Sa Sainteté lui refuse, il a ordre de la conduire au général Miollis, qui lui indiquera sa destination.

« Nous aussi, dit le Pape, nous devons soutenir les droits

« du Saint-Siège auquel nous sommes lié par tant de ser-
« ments ! Nous ne *pouvons pas*, nous ne *devons pas, nous*
« *ne voulons pas* céder ni abandonner ce qui n'est pas à
« nous.

« Le domaine temporel appartient à l'Église et nous n'en
« sommes que l'administrateur.

« L'Empereur peut nous mettre en pièces, mais il n'ob-
« tiendra jamais cela de nous. Après tout ce que nous avons
« fait pour lui, nous ne nous attendions pas à ce traite-
« ment. » « Saint-Père, dit alors le général Radet, je sais
« que l'Empereur vous a beaucoup d'obligations. » « *Plus*
« *que vous ne savez*, » répartit le Pape d'un ton très
animé. Il continue ainsi : « et devons-nous partir seul ? »
Le général reprit : « Votre Sainteté peut conduire avec elle
« son ministre, le cardinal Pacca. »

Une voiture conduisant le Saint-Père, parvenue en
dehors de la porte du Peuple, trouva des chevaux de poste
et s'achemina rapidement vers la chartreuse de Florence,
où le Pape fut remis par le général Radet au lieutenant-
colonel Lecrosnier, qui était venu l'y recevoir. Bientôt le
Saint-Père quitte la chartreuse sous la garde d'un officier
supérieur, nommé Mariotti.

Le cardinal Pacca n'avait pu accompagner le Saint-Père,
qui continua son pénible voyage avec Mgr Doria, Mgr Soglia
et le camérier, Joseph Moragui, qui avait rejoint en appor-
tant la garde-robe.

Le voyage du Pape à Alexandrie dura sept jours, du 9
au 15 juillet.

A Alexandrie, le Pape, conduit par le colonel Boisard,
s'arrêta dans l'hôtel du comte Castellani, où il fut comblé
de soins et d'attentions par les propriétaires. Après trois
jours de repos, il fut dirigé par Mondovi sur Grenoble, où

il séjourna également trois jours ; ensuite sur Valence, Avignon, Nice et enfin Savone, où il fut logé à l'évêché. Ce voyage fut un véritable triomphe : les populations, les autorités rendaient hommage au Souverain-Pontife, qui, s'il n'eût pas dans certaines circonstances empêché l'élan de la multitude, eût été infailliblement délivré.

Nice fit des préparatifs de fête pour recevoir le Pape. Quand il fut près du pont du Var, il descendit de voiture, et le traversa à pied, seul, après avoir fait signe à ses gardes de rester derrière lui. Là, toutes les conditions prennent leur rang ; nobles, portant toutes leurs décorations, ecclésiastiques, revêtus de leurs habits sacerdotaux, etc. Plus de dix mille personnes sont à genoux sans proférer une parole. En face du pont, le Pape voit la religieuse reine d'Étrurie à genoux avec ses deux enfants, et lui adresse quelques paroles bienveillantes, en lui faisant remarquer les transports du peuple. Il remonte en voiture. Les rues de Nice avaient été semées de fleurs ; pendant le temps du séjour de Sa Sainteté, la ville fut illuminée tous les soirs.

Le colonel Boisard eut le bon sens de comprendre qu'il ne conduisait pas en ce moment un prisonnier d'État ; il lui laissa la liberté de recevoir les ecclésiastiques et toutes les personnes qui se présentèrent.

La nuit, on chantait des hymnes sacrés autour de la maison du Pape.

Le colonel Boisard se préparait à suivre une route moins fréquentée à travers les montagnes ; une dame eut l'ingénieuse idée d'envoyer illuminer la route pour le soir, et de faire attacher des lampions à tous les arbres. Cet exemple donné fut suivi le long de la Corniche et par ordre de toutes les personnes pieuses et même des autorités municipales.

A l'évêché de Savone, que l'évêque avait dû évacuer, pour faire place au Pape et à sa suite, on n'assigna au Saint-Père, pour son usage, qu'une chambre et une petite antichambre.

Le comte Salmatoris, maître des cérémonies, venait tous les jours demander ce que le Pape *désirait* prescrire; il lui était facultatif, du reste, de faire inviter qui il voulait à une table somptueuse. Chaque domestique du Pape reçut 100 louis par mois, et le directeur des postes venait lui même remettre les lettres à l'adresse de Sa Sainteté.

Napoléon avait gagné la bataille de Wagram le 6 juillet, pendant qu'on enlevait le Pape.

Le 2 avril 1810, l'empereur avait épousé l'archiduchesse d'Autriche, Marie-Louise. Les cardinaux résidents à Paris, où ils avaient été appelés, assistèrent tous à la cérémonie du mariage civil, le 1er avril, à Saint-Cloud.

Mais il n'en fut pas de même à la cérémonie religieuse, le 27, dans la salle du Louvre. Sur les vingt-six de la veille, treize seulement furent remarqués par l'empereur, qui en fut très irrité. Ces cardinaux assurèrent qu'ils s'étaient abstenus de paraître à la cérémonie par ce seul motif que le Pape n'était pas intervenu à la *dissolution du premier mariage.* Ces cardinaux furent exilés dans plusieurs villes de France. En somme, un grand nombre de cardinaux souffraient en France pour la cause de Pie VII, que nous allons retrouver à Savone en proie aux plus vives douleurs.

Le Pape avait promis à un agent autrichien que l'on avait laissé pénétrer jusqu'à lui, de s'occuper directement et promptement des affaires du clergé d'Autriche, et écrit qu'il accepterait une médiation sur des bases dignes de lui et quand on aurait fait cesser son état *désolant et*

isolé. Ce bref est conservé dans les papiers de la famille de Metternich.

La question du mariage avait partagé le Sacré-Collège en cardinaux qu'on voulait à tout prix éloigner du Pape et en cardinaux qu'il ne verrait pas auprès de lui avec plaisir. Dix-neuf évêques français adressèrent, en commun, au Pape, une lettre où, sous prétexte de solliciter l'ampliation des facultés qu'on leur avait accordées pour les dispenses matrimoniales, ils renouvelèrent la demande de la confirmation des nominations aux sièges épiscopaux, avec des expressions qu'à Savone on prit pour la menace de faire pourvoir à la conservation de l'Église de France par elle-même, si elle était abandonnée du Pape.

Le Saint-Père envoya, le 5 novembre, au cardinal Maury, nommé par Napoléon archevêque de Paris, sur le refus du cardinal Fesch, et le 2 décembre à Mgr Corboli, archidiacre de Florence, dont Napoléon avait donné le siège à l'évêque de Nancy, des bulles qui déclaraient, avec une grande fermeté, que toute institution faite par des évêques *était nulle.*

Napoléon, irrité de cette publication, fit transporter à Vincennes quelques cardinaux fidèles. Le prélat Doria, qui continuait son service auprès du Pape avec dévoûment et que l'on supposait jouir d'une grande influence, fut relégué à Naples; quelques anciens serviteurs furent conduits à Fénestrelles.

On avait de Paris l'ordre d'examiner tous les papiers du Pape. Le 7 janvier, pendant sa promenade, son appartement est l'objet d'une minutieuse perquisition : on prend connaissance du contenu de toutes les dépêches ; on emporte ses bréviaires et même l'office de Notre-Dame ; le Pape apprend cette visite et dit seulement avec sa dou-

ceur ordinaire: « Et le service de la Vierge aussi? et nos
« bréviaires? c'est juste l »

Le comte Berthier, gouverneur du palais de Sa Sainteté,
disparut. Un intendant signifia que chaque individu italien,
y compris le Pape, ne recevrait plus que cinq paoli par
jour; ordre absurde et ridicule, qui ne fut exécuté que
pendant deux semaines, parce que les habitants de Savone
envoyaient des provisions au Pape et à sa suite.

Peu de temps après, Moiraghi, caissier particulier du
Pape, fut enlevé et conduit à Fénestrelles.

Le préfet du département eut ordre d'écrire au Pape la
lettre suivante, évidemment minutée par Napoléon.

« Le soussigné, d'après les ordres émanés de son souve-
« rain, Sa Majesté impériale et royale, Napoléon, empereur
« des Français, roi d'Italie, protecteur de la Confédération,
« etc., est chargé de notifier au Pape Pie VII, que *défense*
« *lui est faite* de communiquer avec aucune église de l'em-
« pire, ni aucun sujet de l'Empereur, sous peine de *déso-*
« *béissance de sa part et de la leur;* qu'il cesse d'être l'or-
« gane de l'Église catholique, celui *qui prêche la rébellion,*
« et dont l'*âme est toute de fiel;* que puisque rien ne peut
« *le rendre sage,* il verra que Sa Majesté est assez *puis-*
« *sante* pour faire ce qu'ont fait ses prédécesseurs et dépo-
« ser un Pape.
« Savone, le 13 janvier 1811. »

En lisant ce factum d'une forme aussi insolite, le plus
modeste lycéen ne se croirait-il pas en droit de se demander
depuis quand l'orgueil et le despotisme ont pris souci d'ob-
server les convenances dans leurs communications écrites
et dans leurs actes?

Les possessions territoriales peuvent varier, augmenter
ou diminuer, les citadelles peuvent être construites, rasées,

échangées ou occupées, et cela selon les fluctuations inhérentes à la faiblesse de la société humaine ; mais il est une citadelle que des assises archi-séculaires rendent imprenable : c'est la souveraineté spirituelle du Vicaire de Jésus-Christ. Ni le feu grégeois, ni le canon Krupp, ni le pétrole, ni la dynamite, ni les attaques des puissants, ne sauraient l'entamer. Malheur à quiconque aurait l'audace d'ouvrir contre elle la première parallèle : la foudre céleste aurait bientôt pulvérisé, patron, travailleurs et instruments de siège ! La souveraineté spirituelle des Papes, en tant que d'origine divine, est absolue, et *complètement indépendante*. Les puissants de la terre ne gagnent rien à l'oublier. Peut-être aurons-nous occasion de le constater avant la fin de ce récit.

Arrivons maintenant au comité ecclésiastique consulté par l'Empereur, et dans lequel le plus *formidable des Césars* trouva un indépendant contradicteur dans la personne de l'abbé Émery, homme singulièrement recommandable par sa science, par une conduite hautement vertueuse, qu'il n'avait jamais démentie ni souillée dans la révolution. « Que pensez-vous de l'autorité du Pape ? — Sire, « répondit le courageux abbé, je ne puis avoir d'autre sentiment sur ce point que celui qui est contenu dans le « catéchisme enseigné *par vos ordres* dans toutes les « églises. » Et à la demande : « Qu'est-ce que le Pape ? » on répond : « Qu'il est le chef de l'Église, le Vicaire de « Jésus-Christ, à qui tous les chrétiens doivent l'obéis- « sance ! Or, un corps peut-il se passer de son chef, de « celui à qui de droit divin il doit l'obéissance ? »

Napoléon fut surpris de cette réponse, et paraissait désirer entendre encore M. Émery ; aussi, le noble confesseur de la foi, ne redoutant rien, reprit : « On nous oblige en

« France de soutenir les *quatre articles de la déclaration*
« *du clergé*, mais il faut en recevoir la doctrine dans son
« entier : or, il est dit aussi dans le préambule de cette
« *déclaration*, que le Pape est le chef de l'Église, à qui
« tous les chrétiens doivent l'obéissance, et, de plus, on
« ajoute que les quatre articles décrétés par l'Assemblée
« ne sont pas tant pour limiter la puissance du Pape que
« pour empêcher qu'on ne lui accorde pas ce qui est essen-
« tiel. »

« Ainsi donc, les quatre articles reconnaissaient au Pape
« une autorité si grande et si universelle qu'on ne pouvait
« pas s'en passer dans l'Église. Tout concile disjoint du
« Pape n'aurait aucune valeur. »

Bientôt, cédant aux mauvais conseils de son insatiable
orgueil et de ses courtisans, Napoléon oublie le sens pra-
tique qui le distingue si souvent.

Un concile d'évêques français et italiens est convoqué
par ses ordres, et le cardinal Fesch en est élu président.
Il prononce d'abord à haute voix le sermènt prescrit par la
bulle de Pie IV, du mois de novembre 1564, et commençant
par ces mots : « Je jure et promets une véritable obéissance
au Pontife romain. » Ce noble exemple fut imité par tous
les prélats.

Ce concile obtint quelques concessions isolées du Saint-
Père, à la suite d'obsessions importunes et de rapports
inexacts. Ce fut le premier signal de faiblesse donné par
Pie VII. Le concile avait prétendu décider que les évêchés
et archevêchés ne seraient point vacants plus d'un an ; que
six mois après la demande d'institution faite au Pape, s'il
n'y avait pas consenti, le Métropolitain, et, en son absence,
le plus ancien Évêque de la province ecclésiastique procé-
derait à l'institution de l'Évêque nommé. Avec l'autorisa-

tion de l'Empereur, les cardinaux Joseph Doria, Antoine
Dugueni, Antoine Roverello, Fabrice Ruffo et de Bayane,
et Monseigneur Bertazolli, archevêque d'Édesse et aumônier du Pape, appelés pour la circonstance, partirent vers
les derniers jours d'août 1811, pour faire connaître cette
décision au Pape. *La caravane sacrée* (expression satirique
du cardinal Pacca) arriva à Savone dans les premiers jours
de septembre. Grâce au conseil de Roverello et de Ber-
tazzolli, agents de Napoléon qui lui prédisaient une série
de maux, dont sa résistance seule serait la cause, le Pape
non seulement permit que l'on envoyât des bulles de confirmation avec les anciennes formules à différents évêques,
mais encore approuva et confirma par un bref, qui fut alors
imprimé, le décret du concile tenu à Paris. Et pourtant,
malgré cette facile victoire remportée sur la faiblesse d'un
vieillard accablé par les persécutions, au lieu de remerci-
ments, ses auteurs avaient couru au devant d'une décep-
tion.

Le bref avait été rejeté par l'Empereur, parce qu'on y
déclarait l'Église romaine mère et maîtresse de toutes les
autres Églises, et parce qu'on y imposait aux archevêques
et évêques autorisés à donner l'institution canonique et la
confirmation aux évêques nommés depuis six mois, de dé-
clarer expressément qu'ils donnaient cette confirmation et
cette institution au nom du Pape. Et de plus, le bref étant
accepté, quel motif restait encore de ne point mettre un
terme à la détention du Souverain-Pontife?

Napoléon préparait la campagne de 1812 en Russie.

Les Anglais, qui avaient cherché à empêcher le Pape de
faire le voyage de 1804 en France, et qui lui savaient gré de
n'avoir pas voulu les traiter en ennemis, avaient fait avertir
secrètement Pie VII qu'une frégate, qui croiserait dans les

eaux de Savone, pourrait s'approcher sur des signaux con-
venus et le délivrer de sa captivité.

Mais la surveillance devint plus active et la délivrance
impossible.

Le soir du 9 juin 1812, fatal anniversaire du jour où le
Pontife avait été prévenu trois ans auparavant qu'il était
dépouillé de ses États, on lui signifia l'ordre du départ pour
la France. Il lui fut enjoint de changer ses habits qui au-
raient pu le faire reconnaître pendant le voyage. C'était
sans doute encore une manière perfectionnée de tourmenter
le Saint-Père sans courir les risques que sa popularité pouvait attirer. On l'enleva dans la matinée du 10, et on le fit
monter dans une chaise de poste, n'ayant avec lui que son
médecin ordinaire, le comte Porta. A Stupiniggi, près de
Turin, le gouvernement avait envoyé d'avance Mgr Bertazzoli, qui entra dans la même voiture, et ensuite ne fut
plus séparé de Sa Sainteté. Le colonel de gendarmerie
Lagorsse commandait l'escorte avec quelques officiers. Le
Saint-Père, enfermé à clef dans la voiture, après un pénible voyage, sans repos, arrive au Mont-Cenis tellement
malade, que M. le docteur Claraz, de la province de Mau-
rienne, fut appelé en toute hâte pour lui donner des soins.

M. le docteur Porta n'avait pu suivre le Saint-Père depuis
Tortone, où, très malade lui-même, il avait été obligé de
s'arrêter.

Dom Gabet, ex-abbé de Tamié, se trouvait, à cette époque,
directeur de la maison hospitalière du Mont-Cenis. Le Saint-
Père et son escorte y arrivèrent dans la nuit du 11 juin; Sa
Sainteté était très souffrante d'une douleur occasionnée par
la course aussi longue que rapide qu'elle venait de faire
dans les heures les plus brûlantes de la journée.

Depuis longtemps déjà Pie VII était affligé d'une cruelle

infirmité, à laquelle était contraire toute espèce de fatigue, surtout celle des voyages ; il fut si malade en arrivant dans cette maison hospitalière, qu'il ne dut la conservation de son existence qu'à une protection spéciale du Ciel et aux soins précieux de M. le docteur Claraz.

Celui-ci le trouva dans un état alarmant et en fit son rapport au colonel Lagorsse, en lui déclarant qu'il fallait de toute nécessité suspendre ce voyage, qu'il y allait de la vie de Sa Sainteté ; cette prescription contraria extrêmement le chef de cette escorte ; il s'en exprima même en termes peu mesurés, et en avertit aussitôt le gouvernement à Turin, par voie télégraphique ; mais il lui fut répondu qu'il devait suivre les ordres de Paris.

M. le docteur Claraz crut alors devoir protester de la manière la plus énergique contre cet ordre inhumain, en prononçant ces paroles que les échos de cet hospice ont longtemps répétées : « Monsieur le colonel, si le conseil que je « viens d'avoir l'honneur de vous donner n'est pas suivi ; « si le Saint-Père est obligé de faire un pas de plus hors « d'ici, ce sera plus que de la violence à son égard, ce « sera de la barbarie ; il n'y résistera pas et il succom « bera infailliblement ; je l'atteste sur ma foi et mon hon « neur, comme homme et comme médecin, vous vous « exposez à n'entraîner qu'un cadavre à Paris, et vous « assumez sur vous la plus grande responsabilité. »

(Documents communiqués par le chef de la famille Claraz[1].)

---

[1] L'Académie nationale de Savoie, dans ses *Mémoires* (seconde série, t. ix) et la *Revue des Deux-Mondes* (livraison du 15 avril 1869), ont publié quelques détails inédits sur la translation du Pape Pie VII, de Savone à Fontainebleau, et sur sa captivité. Les *Mémoires* du cardinal Pacca et son *Histoire de Pie VII* font mention de ces particularités.

Ce langage, tenu avec toute la fermeté et la sûreté de conscience d'un praticien très expérimenté, jeta la perturbation dans l'esprit du chef de l'escorte et de son assistance. On se concerta un moment, après quoi il fut décidé que le voyage serait interrompu.

Quelle nécessité de demander des ordres à Turin ? Ne devait-on pas prévoir la réponse qui serait faite ?

Quelle nécessité de délibérer et de se concerter avec les autres officiers de l'escorte ? Le colonel Lagorsse était chef et responsable, à lui seul appartenait une décision que sa conscience devait lui dicter.

Il n'avait aucune observation à faire au docteur Claraz. Dans cette circonstance, la voix du médecin devait être écoutée, et cela d'autant plus que M. le docteur Claraz était médecin assermenté et préposé au service sanitaire de toutes les troupes impériales qui passaient le Mont-Cenis.

Les notes publiées par l'Académie font partie des éléments d'un répertoire biographique des médecins de la Savoie que rassemble depuis quelques années son président, l'honorable docteur Guilland. L'Académie, en les analysant, les proclame « une des pages les plus belles et des plus touchantes de la profession médicale en Savoie. »

Ces notes, complétées par leur auteur, donnèrent lieu à une publication émanant du chef actuel de la famille Claraz, reconnue exacte par des autorités contemporaines, entre autres par le vénérable et savant cardinal Billiet, archevêque de Chambéry. (*Un Episode de la vie du docteur Claraz*, médecin à Lanslebourg (Savoie).— *Notes particulières et inédites sur la translation de Pie VII, de Savone à Fontainebleau* ; Chambéry, imprimerie Pouchet, 1869.) Ce document, dont nous devons la communication à l'obligeance de M. le chevalier Claraz lui-même, a servi de base au récit que nous produisons dans ces pages. Il nous a paru qu'en pareille matière c'est un devoir de livrer à l'histoire les faits présentés sous leur véritable jour par les personnages qui se sont trouvés immédiatement en scène.

Toutefois, entre le récit présenté par nous et celui de la *Revue des*

Le colonel Lagorsse, avec « l'instinct du gendarme, » avait-il pénétré les intentions du maître, en attribuant ces mesures si violentes au désir d'abattre par l'affaiblissement des forces physiques les facultés intellectuelles du Pape, de mettre à bout sa patience héroïque, et d'obtenir ainsi les concessions que l'on désespérait de conquérir par les moyens ordinaires ? Craignait-il d'affronter les suites de la colère de l'Empereur, en déjouant involontairement ses calculs par le retard apporté au voyage ? Rien de plus probable.

Ici, se place une réflexion.

Dans la vie militaire, tout ne se résume pas à consacrer son intelligence à étudier l'art de la guerre, à s'acquitter avec zèle et précision des obligations ordinaires du service, et, enfin, à combattre honorablement l'ennemi de la patrie, à posséder, en un mot, le courage militaire.

Le soldat, surtout lorsqu'il est arrivé aux échelons des

Deux-Mondes, il peut et doit se rencontrer quelques légères divergences. Nous croyons devoir en signaler la cause.

A peine rentré dans sa famille après son voyage de Fontainebleau, M. le docteur Claraz se mit en devoir de consigner dans un rapport la succession des faits auxquels il avait assisté. La vérité était-elle bonne à dire dans ce moment, soit dans son intérêt, soit dans celui de sa famille ? Ses amis ne le pensèrent pas. Suivant leur conseil, M. Claraz se borna à faire lui-même un exposé plus mitigé, au bas duquel il apposa sa signature.

Cette pièce, d'ailleurs parfaitement authentique, a pu être retrouvée dans les archives de la Chancellerie romaine par l'éminent publiciste de la *Revue des Deux-Mondes*.

Plus tard, le fils aîné du docteur Claraz, n'ayant plus à tenir compte des considérations d'actualité qui avaient conseillé les quelques restrictions qui peuvent se rencontrer dans l'exposé envoyé à Rome par son père, livra au public le document précis dont nous avons profité pour offrir à nos lecteurs le récit de cet important épisode.

(Note de l'auteur.)

grades supérieurs, est souvent appelé à remplir des missions pénibles et délicates, qui l'exposent, soit à la haine, à l'injustice et aux passions des partis, soit même au mécontentement et aux rancunes des puissants.

Dans ces circonstances difficiles, un autre courage lui est absolument nécessaire, quoique moins apparent et plus rare ; nous voulons parler du courage civil, qui procède de la générosité, de l'élévation des sentiments, et de cette fermeté qu'il puise dans la conscience d'obéir à ses devoirs, en se conformant aux préceptes de la justice et de l'humanité. Fort de la tranquillité de sa conscience, le militaire, dédaignant les attaques ou les rancunes, laissant à part les calculs mesquins de l'intérêt personnel, doit trouver, dans le courage civil, la force nécessaire pour accomplir ses devoirs, *coûte que coûte.*

D'après cela, M. le colonel Lagorsse eut put, sans hésitation ni discussion, se contenter du certificat du docteur Claraz, pour arrêter le voyage du Saint-Père, ce certificat lui fournissant une pièce officielle suffisante pour dégager entièrement sa responsabilité.

Sa dignité personnelle lui indiquait, en outre, de chercher à éviter l'écueil d'être rangé dans la classe trop nombreuse des subalternes qui cherchent à plaire et à se faire valoir, en exécutant avec une rigueur déraisonnable et inopportune les ordres du maître.

Quoi qu'il en soit, le voyage fut interrompu.

A l'instant même, des ordres furent donnés pour interdire, pendant quelques heures, la traversée du Mont-Cenis. Tous les voyageurs et M. le docteur Claraz, qui venait en quelque sorte d'exposer sa sûreté en répondant de la vie du Saint-Père par cet acte de fermeté, fut déclaré prisonnier et tenu sous la plus stricte surveillance. On ne lui laissa pas même la liberté d'écrire à sa famille ; ce ne fut qu'au bout de quelques jours que l'abbé dom Gabet écrivit qu'il était parti pour Fontainebleau avec le Souverain-Pontife.

L'état du Saint-Père était si grave que son médecin en éprouvait de très vives inquiétudes ; la maladie avait pris un caractère des plus sérieux ; l'inflammation dont il souffrait s'était compliquée d'autres accidents non moins inquiétants ; mais le docteur Claraz, ne consultant que sa foi bien vive et s'appuyant bien plus encore sur les secours d'en haut que sur sa vieille expérience, fit tout aussitôt administrer le Saint-Père ; le saint viatique et l'extrême-onction lui furent donnés par son aumônier en présence de tous les religieux réunis.

Après vingt-quatre heures de repos et d'une habile médication, dans la nuit du 14 au 15, le Saint-Père put reprendre son voyage, couché dans une voiture, ayant à ses côtés son médecin seul ; mais ce Pontife infirme devait conserver, au milieu de tant d'outrages, comme une santé de fer qui résisterait à toutes les barbaries. Il arriva à Fontainebleau le 20 juin, à minuit, après quatre jours et quatre nuits de voyage sans interruption.

Pendant tout ce temps, les deux portières se trouvaient fermées à clef; les persiennes du côté du Saint Père avaient été exactement clouées, et, qui plus est, on l'obligeait souvent d'abaisser les stores.

Le Souverain-Pontife et son pieux compagnon se trouvaient donc ainsi enfermés dans une voiture étroite, et souvent tourmentés par une chaleur et une poussière affreuses. La barbarie était poussée si loin et les mesures de sûreté si bien prises, de peur d'un enlèvement du Saint-Père, qu'il ne fut jamais permis, pendant ce long trajet, de descendre un instant de voiture, et, lorsque son service l'exigeait, ou que son escorte, le soir, prenait un rapide repas, on s'arrêtait dans les lieux les moins populeux et on faisait entrer sa voiture dans la remise de la Poste, dont on fermait la porte avec beaucoup de soin. Les cahots de la voiture se trouvaient souvents si violents, qu'ils arrachaient au vénéré Pontife des cris de douleur ; il joignait ses mains saintes et disait: « Mon Dieu, mon Dieu, que je souffre ! Pardonnez-leur ! »

Son médecin, dans ces moments, redoublait de soins et empêchait souvent que sa tête ne se heurtât contre la voiture.

C'est ainsi que l'illustre captif arriva à Fontainebleau dans un état semblable à celui où il s'était trouvé sur le Mont-Cenis, de manière à faire de nouveau craindre pour ses jours. Encore, lorsqu'il arriva au palais de Fontainebleau, par suite d'une négligence impardonnable, le concierge ne put pas l'admettre, parce qu'il n'en avait pas encore reçu l'ordre du ministère de Paris, et le Pape dut attendre cet ordre dans une maison voisine

Pendant plusieurs semaines après son arrivée, on le vit gisant sur son lit de douleur ; la rapidité de ce voyage, que le duc de Rovigo, dans ses *Mémoires*, a comparé à celui d'un *trait*, avait tellement exténué ses forces, qu'on aurait dit que son escorte avait reçu ordre d'agir de la sorte pour l'exténuer, pour affaiblir son esprit, éteindre son énergie et parvenir à lasser son héroïque patience.

Il reçut bientôt la visite de MM. de Champagny et Bégot de Préameneu, ministres de l'Empereur, et de quelques cardinaux *rouges* qui se trouvaient à Paris. Il avait pu reprendre les vêtements de sa dignité.

Le gouvernement a donné pour prétexte de cette translation si rapide du Souverain-Pontife, la crainte que les

Anglais, qui avaient des émissaires partout et qui croisaient dans la Méditerranée, ne voulussent tenter une descente sur Savone et n'envoyassent soulever, surtout en Savoie, les populations, pour s'emparer de Sa Sainteté et la rendre à la liberté.

Pendant toute sa détention, le Saint-Père ne voulut jamais sortir de son appartement; il s'y promenait pendant sa convalescence, demandant souvent à s'appuyer sur le bras de son médecin, M. le docteur Claraz.

Il n'a jamais voulu dire et entendre la messe dans la chapelle du château ; il constatait par là, d'une manière manifeste, la captivité dans laquelle il gémissait, surtout après que défense lui avait été faite de communiquer avec les habitants de cette ville, alors peuplée de 9,000 habitants. Un autel avait été dressé dans son appartement particulier, sous un dais de damas vert; c'est là qu'il célébrait les saints mystères, ou les faisait célébrer par son aumônier ; il portait au doigt le même anneau qu'avait au moment de la mort, à Valence, le Pape Pie VI, anneau donné par la reine Clotilde.

Il avait demandé à être entouré de cardinaux de son choix ; mais, d'abord, par exception, on ne lui permit d'en voir que deux ou trois, bien entendu des cardinaux *rouges*.

Le général comte de Saint-Sulpice était alors gouverneur du château. La garde de Sa Sainteté restait confiée au colonel Lagorsse.

Les cardinaux auxquels il était permis d'entourer le Saint-Père, s'étaient partagé auprès de lui les heures de la journée, pour lui tenir compagnie et le distraire de la profonde mélancolie dans laquelle il était plongé. Il dînait seul, mais assisté de son aumônier et de son médecin. Les cardinaux, quelques évêques, l'aumônier et le médecin étaient ensuite servis ; ils étaient privés du plaisir de pouvoir faire diversion à leurs pénibles préoccupations, car ils étaient entourés des serviteurs du gouvernement ; ils devaient, avant d'ouvrir la bouche, peser chaque parole, avec d'autant plus de soin, qu'ils avaient à leur table l'officier supérieur préposé à la garde du Souverain-Pontife, le colonel Lagorsse.

La précipitation avec laquelle s'était fait l'enlèvement du Saint-Père, à Savone, n'avait pas laissé le temps à son valet de chambre, Hilaire Palmieri, de lui composer un trousseau, à l'exception de quelques linges de corps. A cette occasion, comme le Saint-Père changeait de linge à l'hospice du Mont-Cenis, un riche chapelet, garni de pierres précieuses, s'échappa d'une chemise que déployait le docteur Claraz ; Sa Sainteté en s'en apercevant, avec un doux sourire sur les lèvres, bien que très souffrante, lui dit :
« C'est là aujourd'hui, monsieur le docteur, toute ma ri-
« chesse ; je suis apostoliquement : sans pain, ni argent,
« ni même deux tuniques ; n'est-ce pas cela ? Vous que le
« très bon abbé de cette maison vient de me donner pour
« médecin et pour compagnon de voyage, en ajoutant que
« vous étiez un bon chrétien de ce pays, acceptez ce souve-
« nir que je bénis ainsi que vous afin que le Ciel vous
« comble de ses dons avec votre famille. »

Lorsque le docteur Claraz, prenant congé de Sa Sainteté à Fontainebleau, se jeta à ses pieds pour recevoir sa bénédiction, Pie VII le releva, lui disant qu'il le voulait dans ses bras et sur son cœur.

Cinq mois après l'arrivée du Saint-Père à Fontainebleau, Napoléon revint de sa désastreuse campagne de Russie.....

La légende Napoléonienne commençait à pâlir.... Pendant tout ce temps, les cardinaux rouges qui avaient l'autorisation de se rendre à Fontainebleau, engageaient le Pape à ouvrir de nouvelles conférences, lui représentant les maux que causait à l'Église cette situation déplorable : les diocèses veufs de leurs pasteurs, les évêques et les cardinaux exilés ou dans des cachots, etc., l'Église universelle sans tête, etc. Ces discours, répétés journellement, faisaient une impression profonde sur l'esprit du Pape, abattu par tant de violences et tant d'humiliations. Toutefois, les cardinaux n'obtenaient rien du Pontife et il continuait de résister à leurs conseils.

Napoléon cherchait à réparer ses pertes par de nouvelles levées, en demandant à la nation de nouveaux sacrifices : les catholiques en France, en Allemagne, en Italie, en Pologne, etc., blâmaient énergiquement sa conduite envers le successeur de saint Pierre. Aussi crut-il que, dans cette circonstance, un rapprochement entre lui et le Pape servirait sa politique en lui ralliant les esprits. Prenant pour prétexte le commencement de l'année 1813, l'Empereur envoya à Fontainebleau un chambellan chargé de complimenter le Saint-Père, ainsi qu'il est d'usage dans les cours, et de demander des nouvelles de Sa Sainteté. Obligé de répondre à cet acte de courtoisie et de convenance, le Pape envoya à Paris le cardinal Joseph Doria, pour remercier l'Empereur. Il fut établi d'un commun accord que l'on rouvrirait les négociations; l'Empereur désigna Mᵍʳ Duvoisier, évêque de Nantes, tandis que le Pape était privé de l'avantage de choisir un négociateur égal en habileté et en adresse.

Les conférences furent ouvertes entre les évêques de Trèves et d'Évreux, et les cardinaux Joseph Doria, Dugnani, Fabrice, Ruffo et de Bayane, et Mᵍʳ Bertazzoli, qui habitaient tous le palais impérial. Quand ils s'aperçurent que le Pape était arrivé à une prostration de force, qui devait l'empêcher de résister aux obsessions dont il était formellement l'objet, ils voulurent laisser à l'Empereur la gloire (et quelle gloire?) de la conclusion finale du traité, et, dans la soirée du 19 janvier, accompagné de l'impératrice Marie-Louise, il se rendit à Fontainebleau, se présenta directement chez le Pape, le prit dans ses bras, le baisa au visage et lui fit mille démonstrations de cordialité et d'amitié. Le jour suivant, il y eut d'autres entrevues entre le Pape et Napoléon. On prétend que l'une de ces entrevues fut orageuse; les cardinaux redoublèrent leurs instances. Pie VII était âgé de 71 ans, accablé de dégoûts et de douleurs. Ses désordres de santé, enfin, les approches de la mort, tout contribuait à décourager, à affaiblir le Pontife auquel il ne restait plus que le mouvement machinal de la main pour tracer une signature. Cette signature fut apposée le 25 janvier sur un papier que l'Empereur signa lui-même après lui. Cette dérogation aux usages reçus dans les conventions diplomatiques, avait été calculée pour éviter de la part du Pape tout refus de ratification.

Cette pièce signée, on parla aussitôt du rappel des cardinaux déportés et de la délivrance de ceux qui étaient en prison. Ce fut à grand'peine que Napoléon ordonna la mise en liberté du cardinal Pacca.

Dans les dispositions du Concordat de 1813, qui devait servir de base à un arrangement définitif, nous remarquons l'article suivant : 4° Dans les six mois qui suivront la notification d'usage de la nomination par l'Empereur aux archevêchés et évêchés de l'Empire et du royaume d'Italie, le Pape donnera l'institution canonique, conformément au

Concordat et en vertu du présent indult. L'information préalable sera faite par le Métropolitain. Les six mois expirés sans que le Pape ait accordé l'institution, le Métropolitain, et à son défaut, ou s'il s'agit du Métropolitain, l'Évêque le plus ancien de la province, pourvoira à l'institution de l'Évêque nommé, de manière qu'un siége ne soit jamais vacant plus d'une année, etc.

Par ce traité, le Pape abandonnait la souveraineté de Rome, dont il n'avait que l'administration comme souverain élu; il devait à peu près rester toujours en France, là où il plairait à l'Empereur de l'envoyer.

Durant le séjour de l'Empereur à Fontainebleau, le Pape tint caché ses sentiments sur tout ce qui venait de se passer. A peine Napoléon se fut-il éloigné, que le Saint-Père tomba dans une profonde mélancolie et fut tourmenté de nouveaux redoublements de fièvre.

La légende Pontificale avait pâli. La barque de saint Pierre devait-elle périr? Ou bien le timonier reprendrait-il bientôt la barre du gouvernail avec une nouvelle vigueur? Toutes les âmes pieuses se le demandaient. La Providence devait-elle rester insensible aux invocations de leur foi dans Celui qui a dit : « La barque de saint Pierre ne périra jamais! »

Dès l'arrivée de quelques cardinaux, et principalement du cardinal di Pietro, le Pape s'entretient avec eux des articles du Concordat. Le soir du 18 février, arriva le cardinal Consalvi et le 27 le cardinal Pacca.

Le Pape fit demander aux cardinaux de mettre par écrit leurs opinions sur les différents articles du Concordat. Comme nous l'avons vu, le Sacré-Collège était scindé en cardinaux *rouges* et en cardinaux *noirs*, et, parmi ces derniers, il existait des divergences d'opinions.

Le cardinal Pacca disait avec beaucoup d'à-propos qu'il craignait ces nouveaux pasteurs, *lions dans la paix et cerfs dans le combat.*

Des voix nobles et généreuses firent entendre que le seul remède au mal était une prompte et éclatante rétractation, dont Pascal II, prédécesseur du Saint-Père et bénédictin lui-même, avait donné l'exemple.

Ces voix amies sont entendues. Pie VII, animé par les consolations de ces excellents conseillers, dégagé des symptômes de fièvre qui l'avaient accablé, s'arme de son ancien courage et va bientôt rehausser la légende Pontificale par la grandeur de l'humilité même, et par un triomphe qu'il est bien rarement donné aux hommes d'obtenir sur eux-mêmes. Trompant ingénieusement toutes les surveillances, il travaille pendant plusieurs jours ; il écrit de sa main une rétractation solennelle du Concordat, qu'il adresse à l'empereur Napoléon lui-même.

Dans la matinée du 24 mars, le Pape fit appeler le colonel Lagorsse, lui remit cette lettre pour l'Empereur, et lui recommanda de la porter en personne à Paris.

Le colonel parti, le Pape reçut les cardinaux individuellement, leur annonça l'envoi de cette lettre. Chacun d'eux reçut communication de la copie et prit connaissance de l'allocution pontificale préparée à cet effet, et dans laquelle le Saint-Père déclarait qu'il regardait comme nuls le bref qu'il avait donné à Savone et le Concordat du 25 janvier, et finissait ainsi : « Béni soit le Seigneur qui n'a pas éloi- « gné de nous sa miséricorde ! C'est lui qui mortifie et qui « vivifie. Il a bien voulu *nous humilier par une salutaire* « *confusion.* En même temps, il nous a soutenu de sa main « toute-puissante, en nous donnant l'appui opportun pour « remplir nos devoirs en cette difficile circonstance. A

« nous donc soit l'humiliation, que nous acceptons volon-
« tiers pour le bien de notre âme ! A lui soient aujourd'hui
« et dans tous les siècles l'exaltation, l'honneur et la
« gloire ! »

Au palais de Fontainebleau, le 24 mars 1813.

Après cet acte de vigueur, un changement imprévu se manifeste dans toute la personne du Saint-Père. Son visage reprend sa sérénité, au lieu de l'expression d'une douleur qui
le consumait chaque jour ; il reprend également une partie
de son humeur joviale, ses joues respirent de nouveau le
charme, la douceur et la santé. Plus de plainte de sa part
sur le manque d'appétit et de sommeil. Il se sentait sou-
lagé, disait-il, d'un grand poids qui le fatiguait jour et nuit.

Bientôt les évêques français reçoivent l'ordre de se reti-
rer du château. Il fut interdit aux habitants de la ville et
aux étrangers de rang de venir entendre la messe du
Pape. Le colonel Lagorsse signifia, au nom de l'Empereur,
à tous les cardinaux, qu'il leur était défendu de correspon-
dre au dehors, de participer à toute négociation, d'entretenir le Pape d'affaires. Le cardinal di Pietro fut envoyé en
exil. Le Concordat était déclaré loi de l'Empire et inséré au
Bulletin des Lois. Le Pape rédigea une allocution au Sacré-
Collège, en date du 9 mai, dans laquelle il rappelait sa
lettre à l'Empereur, du 24 mars, et la précédente allocution
du même jour ; et avertit les Métropolitains de n'avoir
aucun égard au Concordat nul et révoqué.

Les cardinaux prirent copie de cette protestation et s'oc-
cupèrent de la rédaction d'une bulle pour le futur conclave,
en cas de mort du Souverain-Pontife.

Le 2 mai, l'Empereur gagnait la bataille de Lutzen.

L'Impératrice fit annoncer cette nouvelle au Pape par
l'un de ses pages.

Le Pape y répondit par une lettre courtoise, d'un style froid, bref, en y introduisant une plainte très vive sur la conduite que le gouvernement tenait envers la Cour romaine.

Ayant su que l'on devait traiter de la paix générale au congrès de Prague, le Pape écrivait de sa propre main à l'empereur d'Autriche François Ier une lettre dans laquelle il réclamait, en face de l'Europe, ses droits et ceux du Saint-Siège sur l'État romain.

Cependant, à Paris, on continue à vouloir tenter un accommodement. La marquise Anne Brignole, née à Sienne, mariée à Gènes, dame du palais de l'impératrice Marie-Louise, est chargée de cette mission. Elle rapporte de Fontainebleau la réponse suivante : à savoir, qu'on n'était plus à temps, et que Paris n'était plus le lieu où l'on pût s'occuper des affaires de l'Église.

Mgr Fallot, évêque de Gand, puis évêque de Plaisance, ensuite archevêque nommé de Bourges, ne fut pas plus heureux ; le 18 janvier 1814, il eut ordre de venir offrir au Saint-Père Rome et les provinces jusqu'à Perugia.

Le Saint-Père lui répondit qu'il ne pouvait écouter aucune négociation hors de Rome, parce que tout ce qu'il ferait hors de la résidence du Saint-Siège paraîtrait imposé par la violence et serait un scandale pour le monde chrétien. Il ajouta dans la conversation qu'il ne demandait qu'à retourner à Rome, et le plus tôt possible, qu'il *n'avait besoin de rien*, et que la *Providence l'y conduirait* ; que ni la rigueur de la saison ni aucun obstacle ne l'arrêterait.

Sa Sainteté ajouta encore ces paroles : « Il est possible « que nos péchés ne nous rendent pas digne de revoir « Rome ; mais nos successeurs recouvreront les États qui « leur appartiennent. Au surplus, on peut assurer l'Em-

« pereur que nous ne sommes pas son ennemi ; *la reli-
« gion ne nous le permettrait pas.* Nous aimons la France,
« et, lorsque nous serons à Rome, on verra que nous
« ferons ce qui est convenable. »

Le colonel Lagorsse qui avait, malgré la rigueur de sa
mission, manifesté quelque vénération pour le Souverain-
Pontife, s'étant introduit dans l'appartement du cardinal
Consalvi pendant que ce dernier causait avec le cardinal
Pacca, se montra satisfait de trouver les deux Éminences
ensemble, désirant leur parler, et fit des instances réitérées
pour qu'on s'occupât de nouveau d'un accommodement
avec le Pape. Le cardinal Consalvi lui donna satisfaction
par la réponse suivante. « Comment voulez-vous, mon-
« sieur le colonel, que nous transgressions l'injonction
« que vous-même vous nous avez faite au nom de l'Em-
« pereur, de n'entretenir le Saint-Père d'aucune affaire
« ecclésiastique ? » Tous les moyens étaient épuisés, la
dame du Palais, l'évêque, l'officier, tous avaient échoué.

Quelque temps après la deuxième visite de M. de Beau-
mont, des voitures vides étaient rangées dans la cour du
château.

Après le dîner, le colonel Lagorsse, adressant la parole
aux cardinaux, et principalement au cardinal Mattei, leur
annonça qu'il avait ordre de faire partir le Pape le jour
suivant, et de le reconduire le plus tôt possible à Rome.

Quelques instants après, le colonel se rendait chez le
Saint-Père, et, d'un ton respectueux, lui communiqua
l'ordre du départ pour le jour suivant.

Malgré les instances du Pontife pour être accompagné de
deux ou au moins d'un seul cardinal, il lui fut répondu que,
suivant les instructions du gouvernement, il ne devait avoir
dans son carrosse que Monseigneur Bertazzoli, et qu'une

voiture de sa suite conduirait le docteur Porta, son médecin et l'un des chirurgiens de l'Empereur, chargé de prendre un soin spécial de la santé du Pape.

Le lendemain 23 janvier 1814, le Pape après avoir entendu la messe, se retira dans sa chambre à coucher, où il reçut tous les cardinaux qui se trouvaient à Fontainebleau, leur fit une allocution qui se terminait par les paroles suivantes : « Nous vous commandons expressément « (paroles inusitées dans la bouche du Pape Pie VII), de « ne vous prêter à aucune stipulation de traité, ni sur le « spirituel, ni sur le temporel, parce que telle est, à ce « sujet, notre volonté absolue. »

Ensuite, après avoir pris quelques légers aliments, il descendit dans la cour du château, bénit le peuple rassemblé et, au milieu des sanglots de tous les assistants, monta en voiture.

Pendant que Napoléon, malgré tous les efforts de son génie, continuait d'être malheureux à la guerre, que la France était envahie, la capitale investie, le Saint-Père continuait son voyage triomphal. Il s'était fait une immense révolution à Paris à la suite de l'occupation de cette capitale par les alliés.

Le gouvernement provisoire, ayant eu connaissance du retard apporté au voyage du Saint-Père, prit le 2 avril l'arrêté suivant : « Le gouvernement provisoire, instruit avec « douleur des obstacles qui ont été mis au retour du Pape « dans ses États, et déplorant cette continuation des ou- « trages que Napoléon Bonaparte a fait subir à Sa Sainteté, « ordonne que tout retardement à son voyage cesse à « l'instant, et qu'on lui rende sur toute la route les « honneurs qui lui sont dus. Les autorités civiles et mili- « taires sont chargées de l'exécution du présent arrêté. »

En passant à Césène, le roi Joachim Murat, présentant ses hommages au Pape, lui dit :

« Comment Votre Sainteté se détermine-t-elle ainsi à aller à Rome?

— Il semble que rien n'est plus naturel.

— Mais votre Sainteté veut-elle y aller malgré les Romains?

— Nous ne vous comprenons pas.

— Des principaux seigneurs de Rome et de riches particuliers de la ville m'ont prié de faire passer aux puissances alliées un mémoire signé d'eux, dans lequel ils demandent à n'être gouvernés, désormais, que par un prince séculier. Voici ce mémoire; j'en ai envoyé à Vienne une copie; j'ai gardé l'original et je le mets sous les yeux de Votre Sainteté pour qu'elle voie les signatures. »

Le Pape prend le mémoire des mains de Joachim, et, sans le regarder, le jette au feu qui le consume à l'instant, puis il ajoute : « Actuellement, n'est-ce pas, rien ne s'op-« pose à ce que nous allions à Rome ? »

Peut-on admirer une plus belle preuve de la bonté, de la générosité de l'âme de Pie VII? Dans son voyage, il ordonne que l'on accueille avec bienveillance madame Lœtitia, qui venait demander un asile à Rome, et le cardinal Fesch, qu'il traita avec une bonté particulière. « Qu'il « vienne, qu'il vienne, dit-il; nous voyons encore ses « grands vicaires accourir à Grenoble au-devant de nous; « Pie VII ne peut pas oublier le ton de courage avec lequel « on a prêté le serment prescrit par Pie VI. »

Le 24 mai, le Pape fit son entrée solennelle dans Rome, ayant sur le devant de sa voiture le cardinal Mattei, doyen du Sacré-Collège, et le cardinal Pacca. Que de sourires ma-

lins, en voyant escorter ce triomphe par le général Pigna-
telli-Cerchiera, qui avait commandé les troupes sur la place
du Quirinal, au moment de l'enlèvement du Saint-Père !

L'un des seigneurs qui avait apposé son nom au bas du
mémoire de Joachim, en avait demandé pardon au Pape.
« Et nous, répondit le Saint-Père, croyez-vous que nous
« n'ayons quelque faute à nous reprocher ? Oublions, mu-
« tuellement, tout ce qui s'est passé. » Belle parole qui
concilia bien des cœurs. En pénétrant dans la foule, elle y
causa une allégresse universelle.

Après les événements de Paris, qui avaient détruit la puissance de Napoléon, ce dernier avait échangé le plus beau
trône de l'univers contre la souveraineté de l'île d'Elbe, où
il se trouvait comme enfermé.

L'auteur de la légende Napoléonienne comprendra-t-il
que le doigt de la Providence a marqué sa chute, que le
moment est arrivé où il doit rentrer en lui-même, reconnaître ses erreurs, laisser la paix à la France et à l'Europe,
fatiguées des excès de son ambition, et enfin recouvrer la
paix avec lui-même ? Osera-t-il braver les conseils d'En
haut, gravés sur chacun de ses revers ?

Le 26 février 1815, Bonaparte quitte l'île d'Elbe ; le 22
mars, le Pape quitte Rome et se rend à Gênes. Le 11 avril,
il écrit sa première lettre à M. de Jaucourt, qui remplaçait
M. de Talleyrand auprès du roi Louis XVIII, et, lors de
l'audience que l'ambassadeur eut du Pape, le Pontife lui
dit devant le chevalier Artaud, secrétaire d'ambassade :
« *Signor ambasciatore, non dubitate di niente; questo è*
un temporale che durerà tre mesi. »

Arrivé à Paris le 20 mars, Napoléon avait repris ses préparatifs formidables pour reconquérir la victoire. Son trône
s'était définitivement effondré à Waterloo. L'épopée des

Cent-Jours était terminée. Le Pape ne s'était trompé que de dix jours. Fugitif, Napoléon avait été demander un refuge sur la frégate anglaise le *Bellérophon*.

Bientôt, par ordre des souverains, il est transporté sur le rocher de Sainte-Hélène, à deux mille lieues du continent, où, au lieu d'un comte Salmatoris à Savone, ou d'un colonel Lagorsse à Fontainebleau, il trouva pour maître des cérémonies sir James Hudson, dont le zèle et les services éminents ont rencontré, depuis, un souvenir de *great attraction* dans les annales de la postérité.

La légende Pontificale était triomphante. Servie par les hautes vertus de son illustre auteur, par les talents éminents du cardinal Consalvi, elle avait obtenu un plein succès au congrès de Vienne, qui venait de réparer tous les torts faits au Saint-Siège. Remis sur le trône de ses pères, le roi Louis XVIII reçoit les bénédictions du Saint-Père, et son premier soin est de conclure un concordat qui termine les affaires ecclésiastiques avec la France, le 11 juin 1817.

En 1818, le cardinal Fesch annonça au cardinal Consalvi que Napoléon et les personnes qui l'avaient accompagné à Sainte-Hélène, s'affligeaient de ne pas avoir de prêtre catholique, et sollicitaient la protection du Saint-Père pour obtenir qu'un ecclésiastique de notre religion leur fût envoyé. Proférant à ce sujet des paroles remplies de charité, de bonté et de généreux intérêt, le Saint-Père s'empressa d'ordonner que l'on entamât les négociations nécessaires avec le gouvernement britannique. Entouré du respect de deux cents millions de fidèles, le saint Pontife avait repris avec vigueur la barre du gouvernail ; son regard, doux et serein, contemplait la chrétienté en priant : « La barque de saint Pierre ne périra jamais. »

Pie VII est aussi grand dans les jours de triomphe que

dans l'adversité. Sa générosité peut-elle oublier son persécuteur ? Bientôt l'ex-conquérant de l'Europe, consumé par
la douleur, vient déposer au pied du trône du Roi des Rois,
du souverain Juge, la légende Napoléonienne entourée d'un
crêpe de deuil ; il y dépose aussi ce manteau impérial, tissu
de triomphes, émaillé par de nombreux points noirs, tristes
flétrissures crayonnées par les revers et par les erreurs
d'une insatiable ambition.

Le saint Vieillard lève les yeux au ciel, implore le Tout-
Puissant en faveur de l'auteur de tous ses maux.

« Dieu de miséricorde, dit-il, daignez écouter le plus
« humble de vos serviteurs, votre indigne Représentant
« sur la terre ; jetez un regard de compassion sur cet
« homme qu'il vous a plu de tant élever, de tant abaisser ;
« maintenez au Vicaire de votre divin Fils sa plus belle
« prérogative, le droit de pardonner et de bénir. »

ÉPILOGUE

Le cardinal Pacca, instruit plus tard de la belle et cou-
rageuse conduite du docteur Claraz, en traversant Lanslebourg, le 8 février 1814, s'y arrêta pour lui adresser ses
félicitations et ses éloges.

Son Éminence en fait mention dans ses *Mémoires*, ainsi
que des soins empressés qu'elle en reçut elle-même pour
sa propre personne, s'étant fracturée un bras par suite
d'une chute de sa voiture à la descente du Mont-Cenis.

La question des honoraires à allouer au docteur Claraz,
pour ses soins et son déplacement, fut l'objet d'un conflit
entre le préfet du Pô et Dom Gabet, supérieur de l'hospice
du Mont-Cenis, le préfet prétendant que c'était à l'hospice,

— 44 —

richement doté, qu'il appartenait d'y pourvoir. Par suite de l'effondrement de l'Empire, cette allocation ne fut jamais fixée [1].

Mais à Rome on pensa qu'un dévoûment de cette nature ne se récompensait pas par des allocations.

Une belle médaille d'or, ornée du portrait de Sa Sainteté, fut adressée de Rome au docteur Claraz; elle était accompagnée d'un diplôme de médecin honoraire du Saint-Père et de la Cour de Rome. Ce titre honorifique lui a été continué jusqu'à sa mort par les Souverains-Pontifes qui ont succédé à Pie VII.

Parmi les objets précieux que la famille Claraz conserve des bontés de Pie VII, se trouvent les feuilles desséchées d'une rose que, pendant son voyage, le Saint-Père avait tenue longtemps dans ses mains pour en respirer le parfum.

Lorsque le docteur Claraz se rendit à Rome, en 1817, il y fut, de même qu'à Fontainebleau, comblé par le Saint-Père des témoignages les plus touchants d'une auguste affection.

Le docteur Claraz mourut, dans son pays natal, le 5 juillet 1839, universellement regretté, après y avoir exercé, pendant cinquante-cinq ans, sa profession avec succès et distinction. Il avait été le condisciple de son compatriote Fodéré.

La gratitude du Saint-Père eut voulu s'étendre à la famille de son médecin. Celui à qui nous devons ces notes,

---

[1] Dans sa visite de congé à MM. de Rovigo et de Préameneu, ministres de l'Empereur, ces derniers, après l'avoir vivement complimenté sur sa noble conduite et sur son dévoûment envers le Saint Pontife, vénéré de tous, lui avaient délicatement fait entrevoir une nomination dans l'ordre impérial de la Légion d'honneur.

devait, selon les désirs souvent exprimés par Sa Sainteté, être élevé à Rome dans les écoles pies, mais la Providence en a décidé autrement. Sa Sainteté Grégoire XVI a envoyé à M. le chevalier Valentin Claraz la croix pontificale de Saint-Sylvestre. Suivant les ordres de Sa Sainteté, les insignes furent remis au destinataire par M. le baron Géramb, d'origine française, procureur général des Trappistes, résidant à Rome et jouissant d'une considération toute particulière auprès du Souverain-Pontife.

Ce fils aîné du docteur Claraz s'étant rendu à Rome, en 1875, avec sa femme et quelques personnes de Chambéry, de la même famille, fut admis à l'audience du Saint-Père, le 23 avril [1].

Pie IX, parlant à chacun en particulier, s'arrêta plus longuement avec le chevalier Claraz, qui s'était prosterné à ses pieds pour recevoir sa bénédiction. Sa Sainteté lui tendit l'une de ses mains pour le relever, et prit ensuite connaissances des titres honorifiques que les Souverains-Pontifes, ses prédécesseurs, avaient décernés à son honorable père.

Quelques jours après cette audience, il reçut, avec quatre compagnons de voyage, l'insigne faveur d'assister à la messe de Sa Sainteté dans sa chapelle particulière, où tous reçurent de la main pontificale la sainte communion. Après la messe, ils furent également admis dans le jardin particulier du Saint-Père, où ils furent bientôt rejoints par Mesdames leurs épouses.

Pie IX ne pouvait oublier dans ses bénédictions la famille du courageux défenseur de la vie de son illustre prédé-

---

[1] Baron du Noyer Frédéric, comte et vicomte Eugène et Benoît de Boigne, marquis de Travernay.

(Note de l'auteur.)

cesseur. Favorisé par la fortune, le fils aîné du docteur Claraz n'a point vu son heureuse union complétée par le bonheur de laisser une postérité.

Plus heureux sous ce rapport, son neveu élève une famille, dont l'aîné joint aux avantages d'un physique distingué, les qualités morales qui se manifestent déjà par une excellente conduite.

Puisse-t-il ne jamais oublier les précieux exemples de son grand-oncle, et se rappeler toujours que l'on crie : « Dieu et Patrie » dans les montagnes hospitalières de la vaillante et fidèle Savoie !

C.-M.-F. DE V.

6999. — Chambéry. Imprimerie Chatelain, avenue du Champ-de-Mars.